呀，成语就是历史

第1辑

战国 ❶

国潮童书 / 著　丁大亮 / 绘

台海出版社

目录

❶ 秦国：从奋斗到雄霸，惹不起

1

富国强兵 /7　　徙木为信 /9　　一言为重，百金为轻 /9

王子犯法，与庶民同罪 /11　　疑行无成，疑事无功 /12

道不拾遗 /13　　夜不闭户 /13　　唯唯诺诺 /14

千夫诺诺，不如一士谔谔 /15　　危若朝露 /15

胜不骄，败不馁 /16　　作法自毙 /19　　悬梁刺股 /20

三寸不烂之舌 /22　　四分五裂 /23　　七零八落 /23

分崩离析 /23　　诱秦诓楚 /25　　纵横捭阖 /26

废文任武 /26　　杜口裹足 /31　　远交近攻 /32

平步青云 /33　　一寒如此 /34　　擢发难数 /35

一饭之德 /37　　睚眦必报 /37　　长袖善舞 /37

多财善贾 /37

❷ 魏国：从实力强大到没有姓名

39

河伯为患 /41　　逾墙避命 /42　　干木富义 /43

人弃我取，人取我与 /46　　千里之堤，溃于蚁穴 /47

以邻为壑 /48　　啮臂为盟 /48　　如狼似虎 /51

南辕北辙 /54　　反裘负薪 /54　　皮之不存，毛将焉附 /54

舟中敌国 /56　　孙庞斗智 /60　　围魏救赵 /61

因势利导 /64　　三人成虎 /66　　庖丁解牛 /67

游刃有余 /67　　积羽沉舟 /69　　群轻折轴 /69

众口铄金 /69　　积毁销骨 /70　　抱薪救火 /71

天下无双 /72　　虚左以待 /74　　虚位以待 /74

一言半辞 /76　　一言半语 /76

❸ 齐国：死于安乐的老牌强国

79

百家争鸣 /82　　百花齐放 /82　　病入骨髓 /84

病入膏肓 /84　　讳疾忌医 /84　　杯盘狼藉 /87

乐极生悲 /87　　城北徐公 /89　　门庭若市 /90

田忌赛马 /91　　南郭先生 /93　　滥竽充数 /93

呆若木鸡 /95　　比肩而立 /95　　接踵而来 /96

物以类聚 /97　　人以群分 /97

1

秦国：

从奋斗到雄霸，惹不起

战国到底应该从哪一年开始？

这个问题现在有四五种说法。

不过，关于战国结束的时间你不用纠结，

因为大家有统一认定的答案——公元前 221 年。

这一年秦国统一六国，建立秦朝，战国时期就结束了。

哈哈，统一了。

不是说好的"战国七雄"吗？

经过春秋三百年左右不歇（xiē）气的兼并战争，到战国初期，一百多个诸侯国只剩十几个，其中齐、楚、秦、燕、赵、魏、韩七国实力比较强，史称"战国七雄"。

用一句话说，战国基本上是一场

七雄血战到底的夺冠赛！

在这个精英小组中，秦国是最令大家讨厌的那一个，没有之一！

为什么呢？怪就怪秦国"太拼"了！

怎么"拼"的？

请看这位秦同学！

你们做一百道题，我就做一千道题！

而且，背地里还这样：

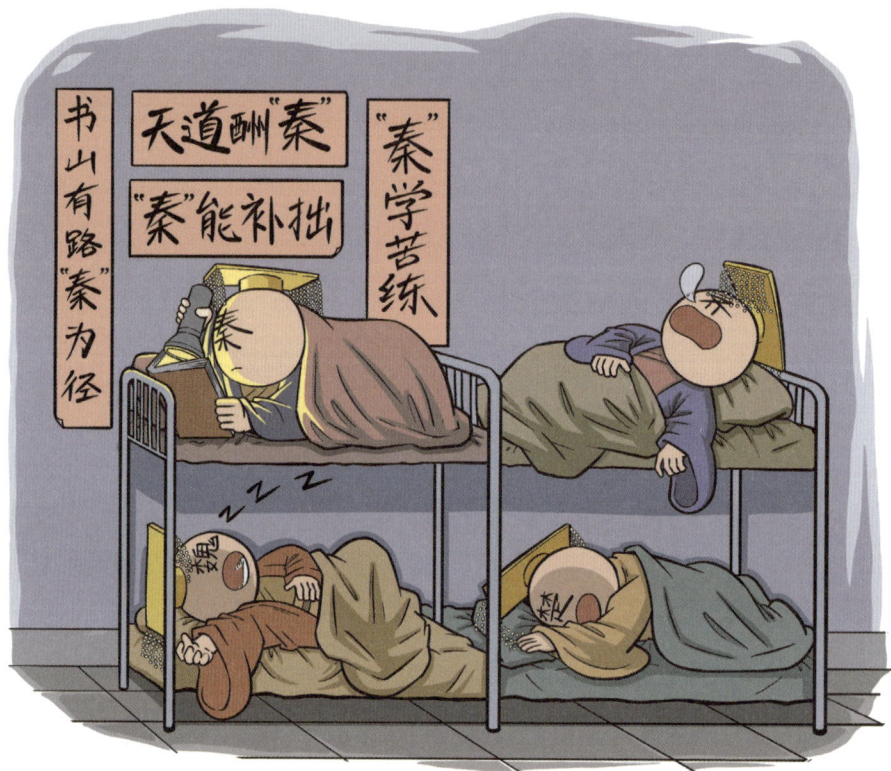

现在你懂了吧？

秦国的"拼"是你努力，我比你更努力。

你付出一分时间、一分精力去做一件事，
我就付出十分时间、十分精力去争取更多的资源。

战国时，秦国从秦孝公即位起，
到嬴政一统天下，成为秦始皇，
可离不开先后几代秦王一百多年的艰苦奋斗。

爸爸 秦庄襄王
（在位四年）

爷爷 秦孝文王
（在位三天）

曾祖父 秦昭襄王
（在位五十六年）

曾伯祖父 秦武王
（在位五年）

高祖父 秦惠文王
（在位二十八年）

天祖父 秦孝公
（在位二十四年）

秦始皇

我才奋斗了三天！

我奋斗了五十六年！

中国对祖先的称谓顺序依次为：父、祖、曾、高、天、烈、太、远、鼻。也就是说：生己者为父，父之父为祖，祖父之父为曾祖，曾祖之父为高祖，高祖之父为天祖，天祖之父为烈祖，烈祖之父为太祖，太祖之父为远祖，远祖之父为鼻祖。

哎呀！

不管是在位五十多年的秦昭襄（zhāo xiāng）王，
还是在位三天的秦孝文王，

战国所有秦王的脸上都写着俩字：奋斗。

背上还刺着字："拼"。

我们先来说说秦始皇的**天祖父——秦孝公，**
一位真正胸有大志的国君。他一上位就发现形势不对——

各国都在变法！

"变法"指对国家的制度、法令做出重大变革，以适应社会的发展。战国时期著名的变法包括：秦国的商鞅（yāng）变法，魏国的李悝（kuī）变法，韩国的申不害变法，楚国的吴起变法，齐国的邹忌（zōu jì）变法，等等。

这不能忍啊！

于是秦孝公在各大人才市场发布了招聘（pìn）广告：**求贤令。**求贤令好长，最后一句话是"能出奇计强秦者，吾且尊官，与之分土"。这彻底打动了一个正等待机会的人——**商鞅**（yāng）！　商鞅来到秦国，准备了帝道、王道、霸道、强国四套方案，去见秦孝公。

> 你前面讲的都一般，还是最后的"强国"厉害！

秦孝公

强国

帝道

王道

霸道

商鞅

商鞅的"富国强兵"方案，让秦孝公看到了希望。

fù	guó	qiáng	bīng
富	国	强	兵

意思是使国家富足，兵力强大。**比如**，你想为祖国富国强兵做贡献的心意很好，但没有过硬的文化知识和强健的身体，这个想法很难实现。

这正是秦孝公的治国目标！

商鞅马上展开这套强国方案，
和秦孝公一聊就是三天三夜。秦孝公最终拍板，让他放手去干。

史上最强变法"拍档"二人组 正式出道！

只有秦孝公信任商鞅是不够的，商鞅变法的关键（jiàn）在于

取得百姓的信任。 他在都城南门立了一根柱子，
然后发布告示：谁把这根柱子挪（nuó）到北门，

谁就能得到十金。

哇！有这么好的事？大家都不敢相信。
几个小时过去了，没人去挪；几天过去了，还是没人去挪。
于是商鞅把赏金提高到五十金——

见证奇迹的时刻到了！

寻找最强搬运工！

五十金！五十金！

假的吧！

商鞅

我来！我倒要看看
你说话算数不！

大傻瓜！

"勇者游戏"结束了，

商鞅很守信用，给了这个"勇者"五十金。

这就是商鞅**"立木取信"**的故事。还可以说成

xǐ mù wéi xìn
徙 木 为 信

和

yī yán wéi zhòng
一 言 为 重

，

bǎi jīn wéi qīng
百 金 为 轻

。

它们都是同一个意思——**说话要算话，要讲信用。**

有了这件事，大家都觉得商鞅说的话、做的事是可信的。

商鞅知道变法的时机成熟了，**就放开手脚大干起来——**

> 第一，废井田，开阡陌（qiān mò）——土地归农民，可以转让和买卖。
> 第二，设县制，改户籍——划好地盘派人管，人人都有"身份证"。
> 第三，奖耕织，重军功——多生孩子多种地，立了军功当官吏（lì）。
> 第四，禁私斗，严法治——不准打架和斗殴（ōu），一人犯法全家获罪。
> 第五……

商鞅

友情提示：商鞅变法是中国历史的重中之重，历史学习的重点哟！

这些变法绝招一出来，全国上下都不敢不听，

因为商鞅的法令实在太严厉了！

据说，商鞅在全国推广 **"照身帖**（tiē）**"**
（相当于现在的身份证），要求人手一张，出门必带，
如果谁被查到没带，就会被官府抓起来，甚至直接处死！

商鞅这样的行为得罪了不少人，
连太子嬴驷（sì）——也就是将来的秦王犯了法，他都敢处罚！

我儿子不是故意要犯法的……

好办！请大王看看第 283 条，第 3 项第 2 条第 23 小条第 14 句……

商鞅坚持要按照新律法处罚太子。可太子是秦国的继承人呀！

秦孝公跟商鞅求情，最后两人商议决定由太子的两个老师代替他受罚。

这就是成语

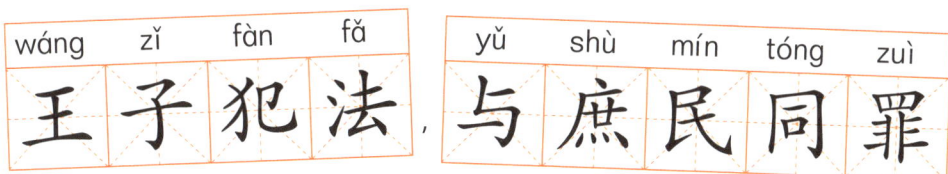

wáng zǐ fàn fǎ
王子犯法，

yǔ shù mín tóng zuì
与庶民同罪

的由来。

指法律面前人人平等，王子也没有特权。

商鞅给秦国下的可真是一剂猛药呀！

要是没有秦孝公，这法还真变不了！

商鞅在台前鼓足干劲搞变法，秦孝公在幕后无条件地支持。

甚至当时有些国家只知道商鞅，却不知道秦孝公。

不过，商鞅制定的律法太过严苛，动不动就割人鼻子，秦孝公常常为商鞅感到担忧。

你这割（gē）鼻子的做法是不是太严厉了？

商鞅

秦孝公

疑行无成，疑事无功，干就对了！

成语

yí	xíng	wú	chéng
疑	行	无	成

yí	shì	wú	gōng
疑	事	无	功

意思是行动如果犹豫（yóu yù）迟疑，不果决，就不可能取得成功；做事如果总是怕这怕那的，就不可能达到理想效果。

这表示的正是商鞅的决心。

商鞅的变法搞了两次，**到底有什么效（xiào）果呢？**
听大家说一说——

我开心，有地有粮还有娃！

我郁闷，不能啃（kěn）老要干活！

农民

士兵

贵族

盗贼

我高兴，杀敌立功能当官！

我害怕，混不下去没地藏！

《史记》是这样描述商鞅变法的成果的：
行之十年，秦民大说（yuè），
道不拾遗，山无盗（dào）贼，家给（jǐ）人足。

dào	bù	shí	yí
道	不	拾	遗

成语　道不拾遗　就来自这里，

意思是路上有掉的东西，都没有人捡。形容社会风气好。

yè	bù	bì	hù
夜	不	闭	户

还有一个成语　夜不闭户，

意思是晚上睡觉不关门，也没有人来偷盗。形容社会安定。这两个成语常常连用。**你可以这样用：**人们都希望生活在有"道不拾遗，夜不闭户"这样良好风气的社会里。

变法取得这么好的成果，秦孝公特别开心，
对商鞅更信任了。史书《论衡》也称赞商鞅：
"商鞅相（xiàng）孝公，为秦开帝业！"

商鞅看到自己的变法成果，有些"飘"了。一天，他问赵良，
他和三百年前辅佐秦穆（mù）公的百里奚（xī）相比，

谁更厉害？

百里奚死了，全国人民都哭了！你觉得你死了，
是哭的人多还是笑的人多呢？

赵良

商鞅

我死了我自己哭！

赵良对商鞅以后的处（chǔ）境非常担忧。

他认为现在大家都因为害怕商鞅，
所以只会对商鞅说"是是是"，

也就是

wéi	wéi	nuò	nuò
唯	唯	诺	诺

。

这个成语的意思是连声答应，一味顺从。"唯唯"指谦卑的应答。"诺诺"是答应的声音。你看，爸爸惹妈妈生气后，好长一段时间在妈妈面前都是唯唯诺诺的样子，这说明爸爸很在乎妈妈呀！

赵良说一千张羊皮也没有一块狐狸腋（yè）下的毛皮贵重。一千个人说顺从奉承的话，也比不上有一个人说真话。这就是成语

qiān	fū	nuò	nuò
千	夫	诺	诺

，

bù	rú	yī	shì	è	è
不	如	一	士	谔	谔

的由来。

"谔谔"形容直话直说。

原来，**赵良是想让商鞅放弃变法、放弃权力**，保住小命。在他看来，商鞅现在

wēi	ruò	zhāo	lù
危	若	朝	露

！

意思是情况急迫，非常危险，就像早晨的露水一样，太阳一照就会被晒干。

想找你报仇（chóu）的人不知道有多少！

赵良

商鞅

你说什么？我正忙着变法的事情呢！

然而，商鞅一转身就忘了赵良这个人和他说的话，继续变法，**甚至连打仗他都敢上！**

原来，商鞅变法前，秦国和魏国刚打了一仗，河西被魏国抢走。商鞅劝秦孝公攻打魏国，收复河西之地，把阻挡秦国东进的"大锁"打开。

他还说打仗需要

shèng	bù	jiāo		bài	bù	něi
胜	不	骄	，	败	不	馁	。

也就是胜利了不骄傲，失败了不灰心。这个成语的意思很直白，使用也很广泛。**你可以这样用：**我们面对各种比赛结果必须保持平常心，做到胜不骄，败不馁。

商鞅打仗赢了吗？赢是赢了，不过，赢得并不"光彩"！
魏国领兵的公子昂是商鞅在魏国时的老朋友，
和魏国交战时，商鞅邀（yāo）请公子昂过来喝酒，
却在路上**设了埋伏，抓了公子昂。**
主将都被他抓了，这场仗当然能打赢呀！

连老朋友都骗，你肯定没好下场！

公子昂

商鞅

这是打仗，又不是"过家家"！

之后，魏国被迫割让河西的土地求和，商鞅也因战功
获封了"商"地。商鞅就是这样才叫"商鞅"的。他
是卫国人，以前叫卫鞅。为了方便记忆，我们不做区分。

唉，谁能想到呢，商鞅为秦国做出这么大的贡献，他的下场却很惨！

这一年，秦孝公去世了。前面我们说过的
犯法的太子——嬴驷继承了王位，成了秦惠（huì）文王。

苦等多年，秦惠文王终于**等到了除掉商鞅的机会！**
商鞅不愿意等死，**连夜出逃。**

请不要遮（zhē）挡面部，出示照身帖！

商鞅

我、我只想临时住一晚……

因为不敢亮出身份，
商鞅连旅（lǚ）店都住不了！

秦国是没法待了，商鞅逃到魏国。谁知魏国恨他骗了公子昂，
直接把他送回了秦国。之后他在渑（miǎn）池被残忍地杀害。

商鞅最后的结局，

用成语说就是

zuò　fǎ　zì　bì
作　法　自　毙！

意思是自己制定的律法，到头来把自己给害了。**你可以这样用：** 身为官员，如果贪污（wū）受贿（huì），违反法律，终有一天会作法自毙。

秦惠文王虽然杀掉了商鞅，但他心里很清楚，商鞅的新法确实挺管用的，于是他在位时继续推行新法。

秦国继续奋斗！

商鞅

你这个人虽然有问题，但新法管用，我还是会继续用的。

秦惠文王

那我就谢天谢地谢幕了！

安心奋斗的日子没过多久，**函**（hán）**谷关传来了大新闻**：
苏秦成功游说（shuì）六国联合起来攻打秦国了！

苏秦是谁？

xuán	liáng	cì	gǔ

悬梁刺股

中"刺股"的那一位呀！

"悬梁刺股"，形容勤奋刻苦地学习，其实说的是两个人，两件事：苏秦用锥（zhuī）子刺大腿，汉朝的孙敬把头发束起来吊在屋梁上。两人这样做，是为了保持清醒和专注，从而更好地学习。

刻苦学习要提倡
自我伤害您莫学

您太努力了，比我早了四百多年呢！

孙敬

我只是伤了大腿，怎么把我整条腿都包了？

苏秦

孙敬是东汉人，他经常学习到后半夜，因为太困而睡着。后来他找来一根绳子，把一头拴（shuān）在房梁上，一头拴住自己的头发。这样他只要一打盹（dǔn）就会被绳子拉醒，醒了又可以继续读书学习。

这期间，苏秦其实来过秦国找工作。

但那时秦惠文王想：刚刚处死了商鞅，又来个讲变法的，不是时候吧？**他就拒绝了苏秦。**

没想到就这样留下祸患（huò huàn）了！面对气势强盛的六国联军，秦惠文王表面很平静，内心很煎熬（jiān áo），但也只能硬着头皮上。

我们六个加起来，不信打不过你！

燕

赵

秦

魏

齐

韩

楚

苏秦

我这一招叫"合纵"！

奇了！一打六，秦国竟然赢了！
估计秦惠文王和苏秦都没想到吧！

六国联军是被打败了，但是六国合纵（zòng）联盟没瓦解，秦惠文王很烦恼。有一天，一个叫张仪的魏国人来求见，说他能"搞定"苏秦。**口气这么大！他有什么秘密武器？**

哦，原来这秘密武器就是他的

sān	cùn	bù	làn	zhī	shé
三	寸	不	烂	之	舌

！

这也是个成语，形容很会说话，口才很好。**你可以这样用：** 辩论会上，他用三寸不烂之舌说得对手完全不能反驳。

张仪和苏秦是纵横派的两尊"大神"。他们都拜当时的奇人鬼谷子为老师，学习纵横之术。两人学成后一同下山，命运却不一样。苏秦说服六国联合，成为六国合纵联盟的盟长，兼任六国国相时，张仪还在赵魏韩楚找工作，到处碰壁呢！

舌头还在不？

　　张仪真的特别看重他的舌头！有个小故事，说张仪在楚国时被人诬陷（wū xiàn）偷窃（qiè）国宝，被打入大牢，受了不少折磨。张仪一直不肯承认罪名，别人又找不到证据，就把他放了。他的夫人看到他的惨样，哭得都不成人样了。张仪却对夫人说："夫人，你快帮我看看，我的舌头还在不在？"夫人说："舌头还在呢！"张仪听了笑起来，说："只要我这三寸不烂之舌还在，一切就都有可能！"

　　这不，张仪来到秦国，终于遇到了欣赏他"舌头"的伯乐秦惠文王。后来，这"张仪舌"还真把六国的合纵联盟搅（jiǎo）了个

sì	fēn	wǔ	liè
四	分	五	裂

！

　　"四分五裂"指分裂成很多块。形容分散，破碎，不完整。和

qī	líng	bā	luò
七	零	八	落

、

fēn	bēng	lí	xī
分	崩	离	析

意思相近。

张仪的办法是"连横"！

一个"合纵"，一个"连横"，**都是什么意思呀？**

这么说吧，**南北向为"纵"，东西向为"横"。**
在战国的地图上，秦国位于西部，六国位于它的东面，
秦国分别与六国结盟为东西向的联合，就叫作"连横"，
而纵向的六国联盟称为"合纵"，
放在一起是"合纵连横"，就像画了个"十"字。

"连横"破"合纵"，我们一个一个连！

张仪

秦惠文王

我看行！

第一个连谁呢？当然是楚国！

当时的局势大概是这样：秦国兵力最强，楚国地盘最大，
齐国最富裕，魏国渐渐衰落，赵国还没有崛（jué）起，
燕国和韩国只能凑个数。**说干就干！**
张仪立刻带着"六百里地"的厚礼来到楚国，游说楚怀王。

您跟齐国断，跟秦国连，秦国送您六百里地，一个韩国那么大的地盘呢！

张仪

楚怀王

划算，成交！

被利益冲昏了头的楚怀王根本听不进大臣们反对的声音，
痛痛快快地答应了张仪，并立马与齐国断交，
还赶紧派使臣去秦国接收六白里土地。

可张仪竟然说他答应的是**六里地，不是六百里地！**
原来张仪的连横计划，与楚国结盟是假，与齐国结盟才是真。
结果是秦国和齐国一起进攻楚国，楚国元气大伤。

这就是成语 **诱秦诳楚** 的由来。

yòu qín kuāng chǔ

原指张仪以诡诈（guǐ zhà）手段欺骗楚国背弃齐国，偏向秦国。
现在多表示挑（tiǎo）拨离间（lí jiàn）。

一计得逞（chěng）之后，张仪又到韩国、齐国、赵国、燕国，用欺骗、离间、打压的方式说服各国国君"连横"，

最后六国合纵联盟崩塌。

苏秦和张仪的一系列操作被后世概括为成语

zòng	héng	bǎi	hé
纵	横	捭	阖	。

果家讲坛

"纵横"是指苏秦的"合纵"和张仪的"连横"这两种游说方法。"捭阖"是开合，指运用手段使联合或分化。这个成语原指战国时代策（cè）士游说的主张、策略和方法，后用以形容在政治上、外交上进行分化或联合的各种手段。也形容文章、言论放肆（sì），雄辩无忌（jì）或形容人举止潇（xiāo）洒。

当张仪在别国进行游说表演时，秦惠文王突然去世了。继位的是秦武王，

fèi	wén	rèn	wǔ
废	文	任	武

他是 废文任武 的典型。

秦武王轻视文化教育，崇尚军队建设和武力征伐。

他特别讨厌张仪这种靠舌头吃饭的人。

张仪可不想做第二个商鞅，他认清了形势，
回到家乡魏国当国相，一年后去世了。

秦武王呢？他生得勇武，死得离奇！

据说他和一个叫孟说的大力士进行举鼎（dǐng）比赛。
秦武王刚把大鼎举起来，没几秒大鼎脱手，
砸（zá）断了他的小腿骨，他流血过多死了。

唉，这王才当了短短几年呢！

你们平时也健身吗？

秦武王

没时间！

周王朝的终结者——秦始皇的曾祖父秦昭襄王上场了！

这秦昭襄王可了不得，很多战国时期的成语、典故都跟他有关。
语文课本里说的"秦王"，大多指他。

公元前 256 年，秦昭襄王俘虏（fú lǔ）了最后一
位周天子周赧（nǎn）王，并把九鼎移到咸阳，
在实际意义上结束了周朝的统治。

秦昭襄王的搭档范雎（jū）也有**三寸不烂之舌。**
范雎也是魏国人，但他在魏国的遭遇比张仪惨多了！

范雎一开始在魏国大夫须贾（jiǎ）门下。
一次，他跟须贾出使齐国。可齐襄王不怎么理会须贾，
反而很欣赏范雎，派人给范雎送金子，还送牛肉和美酒。

须贾让范雎退还金子，留下了牛肉和美酒。回到魏国后，
须贾越想越生气，就把这件事情告诉了魏国的相国——
魏昭王的儿子魏齐。魏齐听完气"爆（bào）"了：

出卖情报，那还了得！抓过来往死里打！

范雎被打得只剩半条命，靠着装死留了一口气。
魏齐叫人用草席卷起范雎的"尸体"，扔到厕（cè）所里，
还叫喝醉了上厕所的人往"尸体"上撒尿。

还好有个守厕所的人帮助了范雎。之后，
范雎的好友郑安平让范雎改名为张禄（lù），
安排他随秦国的使者王稽（jī）去秦国。
到秦国后，王稽向秦昭襄王推荐范雎，秦昭襄王并没有放在心上。

后来范雎写了一封信，
信里的每一个字、每一句话都写到了秦昭襄王的心里。
秦昭襄王马上接范雎到宫里来，让奴婢（bì）们都退下，
自己很诚心地跪下来，**恭**（gōng）**敬地向范雎请教。**

秦昭襄王连续问了三次，范雎都回答"嗯嗯"。
秦昭襄王很郁闷，这范雎是不是不愿意教他呀？
怎么会呢？

那我说的话，您都听吗？

范雎

我听，我听！

秦昭襄王

不会一有人忽悠，您就变卦（guà）吧？

范雎

不会，大事小事都归您做主！

秦昭襄王

范雎试探出了秦昭襄王的心意，就开始展示才华了。

他说他的建议关乎国家命运，会影响秦昭襄王的骨肉亲情。

他不怕死，但担心别人看他死了，

会 | dù | kǒu | guǒ | zú
杜 口 裹 足。

意思是闭住嘴巴不敢说，裹住腿脚不敢走。
比喻有顾虑而不敢接近，远远避开。

**这样，就没有人敢到秦国来，
也没有人敢给秦昭襄王提意见了。**

假如我是姜太公……假如我是伍子胥（xū）……假如……

秦昭襄王

范雎

不管您是谁，我都是您最好的学生！

《古文观止》收录了《范雎说秦王》一文，你可以好好读一读，领略一下范雎的口才。在这篇文章里，范雎一步步地表达了自己的担心，更表达了为秦国做事的决心和忠心。姜子牙、箕（jī）子、伍子胥等名人，都被他拿来讲道理了。

要说范雎最打动秦昭襄王的，还是他提出的

yuǎn	jiāo	jìn	gōng
远	交	近	攻

的外交策略！

这个成语指结交离得远的国家，进攻临近的国家。后来也指做人、做事的一种手段。

秦国按照这个策略，把攻击的重点放在距离自己最近的韩国和赵国，同时稳住楚国和魏国，拉拢较远的齐国和燕国。

这样不仅能**巩固**秦国所攻取的土地，还能**破坏**六国的合纵联盟。

我要稳稳的幸福，不用辛苦地维护。

范雎

秦昭襄王

地盘

秦昭襄王**越来越信任范雎，**
没过几年就封范雎为应侯，让他当了国相。

píng	bù	qīng	yún

大家都说范雎**平步青云**。

意思是很容易就登上了显贵的地位。你想，从平地直线上升到天上，是不是很快呢？

范雎坐上了"直升机"，**须贾还不知道呢！**

这不，得到秦国要打魏国的消息，须贾赶紧来秦国找国相"张禄"（也就是改了名的范雎）求和。范雎听说须贾来了，换上破烂的衣服，一个人悄悄地去见须贾。须贾发现范雎没死，先是大吃一惊，再一看范雎的打扮，须贾好感慨，直接说了个成语——

yī	hán	rú	cǐ
一	寒	如	此。

意思是竟然贫困到这样的地步。形容穷困潦（liáo）倒到极点。"一"是"竟然"的意思；"寒"指贫寒。

须贾留范雎吃饭，还送了一件自己的旧衣服给他。

算你还有点良心！

范雎

须贾

范雎知道须贾是来找"张禄"的，就骗他说自己现在的
"老板"跟张禄很熟，可以把他引荐给张禄。

范雎把须贾带回自己府上，说去通报一声，就再也没有出来了。

须贾等了半天，一问门卫，才知道原来

范雎就是秦国的国相"张禄"！

须贾吓了一跳，脱掉衣服跪在地上，向范雎请罪。

范雎问须贾有多少罪，须贾回答得很夸张，

说自己的罪

zhuó　fà　nán　shǔ

擢 发 难 数 。

意思是拔下全部的头发都数不清。形容罪行太多，无法计算。

意不意外，惊不惊喜！

我错了！我错了！

范雎

须贾

幸亏须贾在不知情的情况下，又送衣服给范雎，又请他吃饭，
这才捡回一条小命！范雎把须贾羞辱了一番，就放他回去了。

秦昭襄王知道了范雎在魏国的"血泪史"，
向魏国要魏齐的人头来为范雎报仇，
魏齐东躲躲，西藏藏，最后自杀了。

> 我这就为你报仇！

范雎

秦昭襄王

> 大王，您对我太好了！

秦昭襄王真是最讲义气的"老板"！

范雎知道自己是因为别人的帮助才有了今天，
于是尽力去回报那些帮助过他的人。
比如，郑安平和王稽都因为他的推荐而升官了。
司马迁（qiān）在《史记》里说范雎是

"一饭之德必偿（cháng），睚眦（yá zì）之怨（yuàn）必报"。

成语

yī	fàn	zhī	dé
一	饭	之	德

和

yá	zì	bì	bào
睚	眦	必	报

就是从这里来的。"一饭之德"比喻微小的恩德。"睚眦必报"意思是像瞪眼睛这样的小怨恨都要报复。形容人心胸狭（xiá）窄，气量小。

但是，**范雎推荐的那两人都不太行呀！**

被封将军的郑安平打了败仗，投降敌国；
王稽也被人发现和其他诸侯有勾结。

按照秦国的律法，被推荐的人犯罪了，推荐人一样有罪。
但秦昭襄王并没有处罚范雎。**他对范雎真好呀！**
怪不得司马迁认为范雎就是韩非子说的那种

cháng	xiù	shàn	wǔ
长	袖	善	舞

、

duō	cái	shàn	gǔ
多	财	善	贾

的人呢！

"长袖善舞"的意思是穿长袖衣服，跳起舞来就容易好看。原比喻条件优越，做的事情就容易成功；也比喻有财势、有手腕（wàn）的人善于钻营。"多财善贾"指本钱多，好做生意。比喻具备充分条件，事情就很好办。这两个成语是近义词，可以连用。

我不会跳舞，也不会做生意！

范雎

秦昭襄王

你有聪明的头脑和灵巧的舌头，这就足够了！

不过，范雎并没有因此得意。有人劝他早点退休，
他觉得挺好，就辞职过上了安逸（yì）的退休生活。

范雎

××××× 活动中心

好在这时的秦国已经足够强大，并不缺人才。
秦昭襄王在位五十六年，秦国一路狂奔，把其他诸侯国甩在身后。
秦王嬴政上位后，再过二十六年，

秦国就统一天下，谁也惹不起了！

2

魏国：

从实力强大到没有姓名

现在我要敲黑板让你记住：**战国时期没有晋国了！**

被灭了吗？没！——被分了！

> 我的这块最大！

> 我这块是中心地带。

> 少是少了点，也过得去了。

晋国的赵、魏、韩三大家族"三家分晋"。这是历史的车轮驶入战国的第一大标志性事件！公元前403年，周天子正式封赵、魏、韩为诸侯。

魏国地盘分得还不错，是当初晋国的核心地区。
但也不能说很好，因为它的河西之地和秦国相连，
长期面临来自西边邻居秦国的威胁（xié）。

威胁？我咋没感觉到呢？

魏文侯

您在，当然是您威胁秦国！

这位能威胁秦国的魏文侯，就是语文课本里

《西门豹治邺（yè）》一文中提到的那位魏国国君。

他在位的时候，西门豹到邺县上任，发现有人利用河伯
（古代神话中的黄河水神）的迷信来欺骗百姓，谋（móu）取金钱，

并以"河伯娶妻"的名义残害年轻的女孩子。

西门豹找出了背后的主谋，

hé	bó	wéi	huàn
河	伯	为	患

解决了 河伯为患 的难题。

现在，"河伯为患"指不良的作风和邪恶的风气。

哇，您怎么这么会识人、用人呢？

魏文侯

因为我是块人才"吸铁石"呀！

魏文侯没有像秦孝公那样打"求贤令"的广告，
他把自己求才的诚心和对人才的尊重变成了**"吸铁石"**，
吸引人才向他靠近。比如，魏文侯听说隐士段干木是个大贤人，
就命人驾车去拜访他。没想到，段干木听到车子的声音，
竟然翻墙跑了！

这就是成语 | yú | qiáng | bì | mìng |
逾 | 墙 | 避 | 命 | 的由来。

翻墙是危险动作，咱们不能学哟！

太不给面子了！

这样做不礼貌吧？

段干木

我不愿给他干活！

可魏文侯不在意，反而觉得段干木品格高尚。
之后每次经过段干木的家，他都要停下车，扶着车把手弯腰行礼。

魏文侯认为段干木是君子，是贤人，
必须要恭恭敬敬地对待。他还说自己虽然有财有势，
但段干木有德有义，**财势是比不过德义的。**

成语　gān mù fù yì　干木富义　就是从这里来的。

后来人们用"干木富义"赞美有才能，不在乎名利的贤人。

段干木被感动了，和魏文侯见了面。

魏文侯一直恭敬地站着向段干木请教，并拜他为师。

虽然段干木最终还是没有做官，但魏文侯这样礼贤下士，

搞得"**天下莫不知，诸侯莫不闻**"，

等于是不花钱打广告了！

魏文侯

给他干活待遇肯定好！

我要来！

决定"粉"他了！

这下不愁人才了！

魏文侯不等齐、楚、秦等几国做好准备，

就率（shuài）先开始变法，直接抢跑了！

为魏文侯主持变法的人是李悝（kuī）。

李悝变法的内容跟商鞅的差不多，**为什么呢？**

因为商鞅借鉴了李悝的变法呀！

从时间线来说，李悝离开人世后，商鞅才出生，
所以李悝才是变法先驱呢！
不只商鞅，战国时期各国的变法都是借鉴（jiàn）了李悝的。

同学们，这本教科书好用不？

太好用了！谢谢老师！

李悝编制的《法经》是我国古代第一部比较完整的法典。后来商鞅在秦国变法，参照《法经》制定了秦律。

作为变法的模范和前辈，李悝变法的内容非常全面。

比如，他提倡废止贵族特权，让大家**"食有劳而禄有功"**，

也就是让劳动者能吃饱肚子，对有功的人授予相当的官职。

又如，"尽地力"的土地开发政策，

还有在一定程度上保障了百姓生活的**"平籴（dí）法"。**

"平"应该是平价，可能也有平衡的意思；"籴"是买入（粮食），与粜（tiào）（卖）相对。"平籴法"就是在丰收的年份，国家用平价大量购买粮食储备起来；等到灾荒的年份，粮食紧张、价格很贵时，国家开放粮仓，把粮食平价卖给老百姓。这样就可以平衡粮食价格，保证百姓有饭吃。

几十年后，一位叫白圭（guī）的商人从"平籴法"中受到启发，来了个

rén	qì	wǒ	qǔ
人	弃	我	取

rén	qǔ	wǒ	yǔ
人	取	我	与

的商业操作：他算准周期，看准时机，

在商品便宜得没人要的时候，大量买入囤（tún）积；

当商品稀缺起来，大家需求旺盛的时候，他提高价格卖出。

成语"人弃我取，人取我与"现在表示不和别人争，仍有好处。
"人弃我取"单独使用时表示自己的选择与别人不同。

白圭做生意赚（zhuàn）得荷包满满，还办起了"商学院"。
更没想到的是，除了经商办学，**他还有"治水"的技能！**
白圭非常善于筑堤防洪，并勤查勤补。一发现小洞，
就算是极小的蚂蚁洞，他也立刻派人填补，
以免小洞继续扩大，造成大灾害。因为他懂得

qiān	lǐ	zhī	dī
千	里	之	堤

kuì	yú	yǐ	xué
溃	于	蚁	穴

的道理。

这个成语的意思是千里长的堤，由于一个小小的
蚂蚁洞而被大水冲开。比喻不注意微小的隐患或
毛病，会变成大祸或造成重大损（sǔn）失。**比如，**
"千里之堤，溃于蚁穴"，你平时要注意改正和
分析错题，否则这些小小的错题会长期影响你的
学习。

白圭管理水利工程期间，魏国没有闹过水灾。
白圭曾跟孟子说，**他比大禹（yǔ）还厉害！**

孟子不同意。 他说大禹是顺着水的流向去疏（shū）导，让洪水流入大海；而白圭专注于修建堤坝，让洪水流到邻国去。可洪水到了邻国还是会引发灾害呀！

这就是成语 以邻为壑（yǐ lín wéi hè）的由来。

意思是把邻国当作排水的大水坑，将本国的洪水引到邻国去。比喻只考虑自己的利益，把困难或祸害转嫁（jià）给别人。"壑"指大水坑。

扯远了，咱们再说回来。李悝的变法让魏国越来越富裕，但其他国家怕的还是魏国强大的武力代表——**魏武卒**（zú）。打造这支军队的是**战国第一"狼人"——吴起！**

他有多狠？ 首先他对自己就挺狠！

吴起是卫国人，他在卫国的时候被人看不起，

于是 啮臂为盟（niè bì wéi méng），

也就是咬着自己的手臂发誓（shì）。

吴起说："**起不为卿（qīng）相，不复入卫。**"
这决心很大吧！

之后他跟随曾子学习，他母亲去世的时候他都没有回家。
曾子因为这件事直接跟吴起划清界限，断绝师徒关系。

妈妈，原谅我呀，我发过誓！

妈知道你心里苦，不怪你！

曾子学院

吴起

另外，吴起对别人也狠！
一次，齐国攻打鲁国，鲁元公想让吴起做将军，
但考虑到吴起的妻子是齐国人，他又有些犹豫。
吴起回家竟把妻子杀了， 让鲁元公消除了疑虑。

当上将军后，他果然把齐军打了个稀里哗啦！

这样一个"狠人"，鲁元公还敢用吗？

我心脏（zàng）不好，以后都不打仗了！

鲁元公

吴起

我去问问魏文侯，看他要人打仗不。

《史记》里记载了吴起杀妻的事，但有不少人认为不可信。比《史记》早一点的《韩非子》记载的是吴起休妻。

魏文侯心脏（zàng）好着呢！吴起？他敢用！

魏文侯发现，吴起虽然做了将军，
但还是跟最下等的士兵穿一样的衣服，吃一样的东西，
睡觉不铺垫子，行军时也不骑（qí）马坐车。

而且，吴起关爱起士兵来也够"狠"的！

"**吴起吮疽**（shǔn jū）" 的故事就是说有士兵身上长了有毒的脓疮（nóng chuāng），吴起竟然用嘴替他吸吮脓液！

> 妈，这毒疮是吴将军帮着吸的！

> 真不知道你会怎么死呀！

你说巧不巧，吴起居然给这位士兵的爸爸吸过毒疮，结果士兵的爸爸为了报答吴起的恩德，拼命打仗，战死了。妈妈听说吴起又给儿子吸毒疮，就担心儿子也会不要命地杀敌，把命给丢了。

但吴起为士兵吮疽应该是因为他很爱护士兵吧！这"狠狠"的爱和"狠狠"的训练，使魏武卒

rú	láng	sì	hǔ
如	狼	似	虎。

意思是像狼和虎一样凶狠。比喻非常凶暴残忍。

这样的军队，哪个国家"扛（káng）得住"呢？

以前，魏国和秦国顶多打个平手，谁也干不掉谁。
但吴起带着魏武卒，不但夺取了秦国的河西地区，
后来还创下了五万魏武卒击溃五十万秦军的经典战争案例！

国君，谢谢您让我有了今天的成就！

吴起

魏文侯

这都是你自己的本事！

历史上吴起与"兵圣"孙武一起，并称"孙吴"。吴起把自己的战争经验总结成了一部军事著作《吴子兵法》。吴起大胜秦军的阴晋之战就被记录在《吴子兵法》中。

魏武卒这么厉害，魏文侯还想继续扩大疆域（jiāng yù）。
能不能攻打赵国呢？ 大臣季梁表示反对。

他给魏文侯讲了个"南辕北辙"的故事。

有这样一个人，明明要去楚国，却赶着车往北方走。

有人告诉他，楚国在南方，他走错方向了，

这样只会离楚国越来越远。

他却说他的马好、路费多，车夫善于赶车，一定能到楚国。

> 这不是个傻瓜吗？

魏文侯

> 嗯，那时候的人还不知道地球是圆的。

季梁的意思是，魏文侯想凭武力去攻打赵国，

只会让自己的威信受损，离霸业越来越远。

成语

nán	yuán	běi	zhé
南	辕	北	辙

意思是本来想往南，而车子却向北前行。比喻行动和目的相反。含贬（biǎn）义。"辕"是车前的两根横木，引申为车；"辙"指车轮滚过的痕迹，引申为道路。

魏文侯当然不是傻瓜！ 于是他放弃了进攻赵国的打算。

他还想起来，自己见过一个

fǎn	qiú	fù	xīn
反	裘	负	薪

的人。

那个人因为太爱惜裘皮大衣的毛，不舍得把裘皮大衣的毛穿在外面去背柴火，就反穿衣服。

这真是搞不清楚什么更重要啊！

魏文侯当初还笑这个人

pí	zhī	bù	cún
皮	之	不	存

máo	jiāng	yān	fù
毛	将	焉	附

。

意思是毛是长在皮上的，皮磨没了，毛能长到哪里去呢？
比喻人或事物失去了借以生存的基础，就不能存在了。

魏文侯终于想清楚了——

魏国、赵国、韩国其实就是互相依存的关系呀！
三家必须争取合作，一致对外。

就用这个做魏国的外交策略吧！

后来韩国和赵国打仗，两国来跟魏文侯借兵，
魏文侯都没有借，还反复说三国本是一家。
甚至他借道从赵国去打中山国时，
也没打过赵国的主意。

就这样，魏文侯打下的基础，

让魏国以"绝对第一"的姿态，

称雄了近百年。

魏文侯的儿子魏武侯上位后，不像他爸爸那样重视吴起。

有一次，魏武侯和吴起等人一起游船。

看着眼前的大好河山，魏武侯兴致高涨（zhǎng），

只想吟诗一首——

> 这险峻（jùn）、壮美的山河，真是魏国的宝贝呀！

> 是，是，天佑大魏！

魏武侯

吴起

> 文侯只说过"德"和"义"是宝贝呢！

吴起竟然给魏武侯上起了课！他拿商纣（zhòu）王被周武王灭掉的事情来举例，说明国家最重要的应该是君主的德义。

最后他用成语

zhōu	zhōng	dí	guó
舟	中	敌	国

来警示魏武侯，说君主如果不施（shī）恩德，

和他同乘一条船的人也会变成敌人。

这个成语现在比喻大家反对，陷于完全孤立的境地。和"众叛（pàn）亲离"意思相近。

其实魏武侯治国还不错！

吴起离开魏国后，魏武侯当政时期，魏国的国力并没有下降，魏国还继续保持着战国第一的地位。

这也导致魏武侯的儿子魏惠王膨胀（péng zhàng）得不行，

他不想当侯要当王，**开了战国时期诸侯称王的头。**

这样也行？诸侯们当然反对！

商鞅还专门到魏国劝他把"称王"的仪式"升升级"，让天下都知道。魏惠王居然真开了会，并当着周天子的面称了王！

好主意，人才呀！以前我都没有看出来！

小意思，小意思！

魏惠王

商鞅

魏国国相公叔痤（cuó）曾经向魏惠王大力推荐商鞅，并说如果不用商鞅就把商鞅杀了，以免他为别的国家效力。可魏惠王没当回事，放过了商鞅。

魏惠王现在还不会后悔，因为他有大将庞涓（páng juān）呢！**庞涓可是鬼谷子的弟子！** 有了他，魏国的武力值又"噌（cēng）噌"地涨了一大截。

在我心里，你就是战国第一战神！

庞涓

魏惠王

如果没有他，我肯定是第一！

他是谁？ 就是庞涓那才华满格的师弟——**孙膑（bìn）呀！** 两人跟着鬼谷子学习时，庞涓就非常嫉妒（jí dù）孙膑的才能了。

这会儿，庞涓想，孙膑也要出来找工作了。

自己要做战国第一，就得除掉孙膑！

于是，庞涓把孙膑**骗到魏国，**让他住在自己家里，**还向魏惠王推荐了他。**

师兄你真好，什么都给我安排好！

庞涓

孙膑

我以后还会给你安排一个"独特"的人生经历呢！

什么经历？

被砍掉双脚，在脸上刺字，养在猪圈里的经历！

天啊！这太可怕了！ 好在孙膑即使被这样对待，也没有放弃。他靠装疯活了下来，并积极想办法自救。

一次，齐国的使者出使魏国，孙膑说服使者帮他逃到齐国。之后，孙膑受到了齐国将军田忌的认可，成了田忌的谋士。

老天，你为什么这样对我呀！

老天会给你报仇的机会的！

孙膑

是的，老天都看不过去了， 真给了孙膑一个机会！
魏惠王派庞涓进攻赵国，魏国的军队直冲赵国都城邯郸（hán dān）！
赵国向秦国和齐国求助。齐威王任命田忌为主将，
孙膑为军师，领兵救赵。历史上著名的

sūn	páng	dòu	zhì
孙	庞	斗	智

第一回合正式开始！

这个成语的意思是孙膑、庞涓用智谋争斗。现在比喻以前的朋友变成仇敌，各自用计谋进行生死搏（bó）斗。也比喻双方用计较量高下。

谢谢师兄的"照顾"。现在我来送礼了！

孙膑

田忌

**孙膑是孙武的后人，
《孙子兵法》可是
背得烂熟呀！**

孙膑向田忌建议，让齐军围攻魏国都城，
引庞涓率军回来救援（yuán），齐军在途中设下埋伏。
那时魏军长时间行军，人马都非常困乏，遇到伏击必将大败。
田忌按照孙膑说的部署（shǔ），果然大败庞涓，
重挫（cuò）魏军，解了赵国的危机。
这就是著名的**桂陵之战，**

成语 围魏救赵 就是从这里来的。
wéi wèi jiù zhào

"围魏救赵"是"三十六计"之一。指袭击敌
人的后方，迫使进攻的敌人撤（chè）兵的战术。

一转眼，十三年过去了。 魏国好了伤疤（bā）忘了疼，
刚刚恢复元气，又打起了南边韩国的主意。
庞涓领十万大军，千辆战车，兵分三路，杀向韩国。

"孙庞斗智"第二回合来了！
但没什么新鲜的，还是同样的配方。
韩国向齐国求救，齐国又派田忌和孙膑出兵救韩。
再来一次"围魏救韩"吗？是呀，而且还真成功了！
又被齐军搅黄了大事！**魏国怎么能忍！**
魏军放过韩国，直接朝齐国军队冲去。

庞涓

师兄，我的大礼快送到了！

孙膑

看我从正面灭了你！

齐军怯（qiè）战，名声不好，这谁不知道呢？
魏武卒超勇猛，这又有谁不知道呢？
正面决战，结果不是明摆着吗！
孙膑组织大军撤退，让庞涓觉得齐军就是怕魏军。

为了不让庞涓怀疑，孙膑还用**"增兵减灶（zào）"**的策略来伪（wěi）造证据。

报告：第一天，十万个灶；第二天，五万个灶；第三天，三万个灶！

庞涓

哈哈，胆小鬼齐军跑掉一大半人了吧！

古代没有压缩饼干、肉罐头之类的方便食品，士兵们打仗时要自带粮草，生火做饭。一般十个士兵用一个灶。人们通过灶的数量就能推断军队的人数。

庞涓太想早点赢得这场战争了，他丢下步兵，带着骑兵去追赶齐军。天黑时，他们来到马陵，这里道路狭（xiá）窄，两旁很多遮（zhē）挡，适合埋伏。小路旁有棵被削（xiāo）了皮的大树，上面好像写了几个字。庞涓命人点火照明一看，原来是**"庞涓死于此树之下"**。

突然万箭齐发，魏军大乱！ 庞涓知道自己死定了，就大喊一声，然后拔剑自刎（wěn）了。

这就是马陵之战！

师兄，大礼我送到了！

孙膑

庞涓死于此树之下

庞涓

孙膑之所以能取得胜利，是因为他利用了庞涓骄傲自大的心理，并

yīn shì lì dǎo
因势利导，
让庞涓落入他的计谋之中。

这个成语指顺应事情发展的趋势，加以引导到有利的方向。"因"表示根据，顺着；"利导"是向着顺利的方向引导。

孙膑一战成名！ 后来他把自己的军事思想总结成了《孙膑兵法》。

鬼谷子有多少好徒弟？

　　看到"鬼谷子"这名号，你可别觉得害怕。"鬼谷子"本名叫王诩（xǔ），也有人说他叫王禅（chán），称他为"王禅老祖"。他到底是哪国人也有很多说法。可能因为他隐居在鬼谷这个地方收徒，就被称为"鬼谷子"了。民间关于鬼谷子的传说很多，但正史的相关记载却很少。可以说鬼谷子是历史上最神秘的老师！他精通的学问很多，纵横家、兵家都可以尊他为"鼻祖"。鬼谷子的精英徒弟很多，除了纵横家苏秦、张仪，还有兵家孙膑、庞涓。如果你想要了解这位神秘的老师，可以去读读流传到现在的《鬼谷子》一书。

鬼谷子

张仪

苏秦

庞涓

孙膑

庞涓死了，魏惠王不仅没了"战神"，

他的儿子太子申也成了齐国的俘虏。后来，
赵国也要魏惠王送一个太子过去做人质。唉，弱国没有话语权，
只能被欺负。魏惠王派大臣庞葱陪同太子前往赵国。
结果庞葱对魏惠王说——

> 一个人说街上有老虎，您相信吗？两个人说，您信不信？如果三个人也这么说呢？

庞葱

> 我信三个人说的！

魏惠王

这就叫

sān rén chéng hǔ
三 人 成 虎，

比喻虚假事情或谣言被人说得多、传得多了，人们就会把它当作事实。**你可以这样用：**三人成虎，谣（yáo）言可怕，我们要学会分辨是非。

庞葱说这个故事是害怕自己离开魏国后，会有人在魏惠王面前污蔑（miè）他。没想到事情正如他所料，几年后他带着太子回到魏国，再也没有受到魏惠王召见。

看来有不少人说了庞葱的坏话呀！

魏国在魏惠王手中越来越弱了，不知道魏惠王会不会想起

当年看 庖丁解牛 páo dīng jiě niú 的事情？

"庖丁"古代指厨师；"解"是分解，剖（pōu）开。这个成语比喻技艺熟练，做事运用自如。

那位厨师对牛的身体结构熟悉得不得了，

解剖起牛来真是 游刃有余 yóu rèn yǒu yú 呀！

"游刃"是自由地运用刀刃；"有余"指有余地。这个成语原指解牛技术熟练，刀子在牛的骨头缝里自由移动，没有一点阻碍。后来比喻做事熟练，解决困难、问题轻松利索。

庖丁怎么解牛的，我不多说了，以后你们会在高中课本里读到。

魏惠王真是想不通：

自己在位几十年，怎么就一点也没进步呢？

唉，家底都快割让光了……原来我才是被解的牛啊……

魏惠王

就在魏惠王进行"深刻"的自我怀疑和自我批评时，

张仪跑来"忽悠"他背弃合纵联盟了。

他陈述了魏国的艰难处境、军队实力薄弱、
合纵国不靠谱（pǔ）等多个因素，

还用了好多比喻。

比如 **积羽沉舟**（jī yǔ chén zhōu），

意思是羽毛虽然很轻，但积多了也能使船沉没。比喻积聚小祸患会铸（zhù）成大祸。

又如 **群轻折轴**（qún qīng zhé zhóu），

意思是许多轻的东西堆积起来也能压断车轴。比喻坏事虽小，但任它发展下去，也能造成严重后果。

这两个成语跟"**千里之堤，溃于蚁穴**"的意思接近。

还有一个 **众口铄金**（zhòng kǒu shuò jīn），

意思是大家的言论足够熔（róng）化金属。比喻舆（yú）论力量强大，能够让人混淆（xiáo）是非真伪。现多用于贬义。

最后还有一个 **积毁销骨** jī huǐ xiāo gǔ，

意思是一次又一次的毁谤（bàng），时间长了足以毁灭一个人。经常用于贬义。

> 要操心的事太多，选对盟友能省很多麻烦！

张仪

> 我也想背靠大树好乘凉！

魏惠王

经过张仪的游说，魏国从此脱离了合纵联盟，**转头和秦国结盟，当了几十年小弟。**

魏惠王没想到自己竟然是**第一个向秦国低头的国君！**然而，野心勃勃的秦国怎么会就此收手呢？

第一步，收盟友；第二步，揍（zòu）盟友；第三步，灭盟友！

到了魏安釐（xī）王即位，
秦昭襄王宣布向魏国开战，
魏国哪里打得过，被秦国占了两座城。

第二年，**秦国又出兵，**大军直抵魏国都城大梁，
赵国和韩国出兵相助还是打不赢。

之后两年，秦国每年都来，来一次抢几座城。
有人建议魏安釐王继续割地求和，苏秦的弟弟苏代跳出来反对，
说割地就像抱着柴草去救火一样。

这就是成语

bào	xīn	jiù	huǒ
抱	薪	救	火

的由来。

它比喻用错误的方法去消除灾祸，结果反而使祸害扩大。用于贬义。**你可以这样用：**面对别人不合理的要求，我们要坚持原则，不能一味答应，否则就是抱薪救火。

反对无效！ 可怜的魏国只能继续割地，换得短暂和平。

在魏国最艰难的时候，**一个"超级英雄"出现了，**他就是魏安釐王的弟弟——

"战国四公子"之首的信陵君魏无忌。

信陵君不但是战国出名的美男子，而且很有才，文的武的都拿手。

他还利用闲暇（xiá）时间写了一本《魏公子兵法》。

他的姐姐嫁给了赵国的**平原君赵胜。**

赵胜说魏无忌太优秀了，简直就是

tiān xià wú shuāng

天下无双。

意思是全天下找不出第二个。形容超出同类之上，没有相同的或没有可以相比的。

听说你家老弟天下无双？

平原君

夸张了，夫君你也很不错啦！

"战国四公子"是指魏国的信陵君魏无忌、赵国的平原君赵胜、楚国的春申君黄歇、齐国的孟尝君田文。除了春申君，其他三人都是国君的后代。

"天下无双"可能有些夸张！

但信陵君为人宽厚，对人和善，大家争相前往归附他倒是真的。
即使已经养了很多门客，信陵君还是到处寻访贤能的人。
听说大梁城看守东门的老头侯嬴是隐士高人，
他立马派人去见。

信陵君送您的，给您改善生活。

我不能因为穷就接受信陵君的钱财呀！

侯嬴

门客是王族子弟和高官家中供养的人，作为贵族地位和财富的象征，出现于春秋，盛行于战国。这些人有的有真本事，能在关键时刻替主人办事；有的只有名气，没啥本领，纯粹（cuì）来骗吃骗喝的。

信陵君决定亲自去拜访。 他办了个宴会，等大家坐定后，自己带着车马和随从，空出马车上左边的位子，去接侯嬴。

用成语说就是

xū　zuǒ　yǐ　dài
虚 左 以 待。

战国时以左为尊，留着左边的位置恭候，表示对宾客的尊敬。现在我们常说的"**虚位以待**"也是这个意思。**你可以这样用：**妈妈工作能力强，实践（jiàn）经验丰富，很多公司对她虚左以待。

侯嬴看到信陵君的车马，

什么也没说就**坐在那表示尊贵的左边位子上，**

还要信陵君送他去肉市拜访朋友朱亥（hài）。

到了目的地，侯嬴和朱亥聊个没完。

等他们聊完了，信陵君才载着侯嬴去参加宴会，
并隆重地向大家介绍侯嬴，举杯祝他健康。

侯嬴终于被感动了，

他说自己是故意为难信陵君的，这样能让他的名声传得更远。

公元前 257 年，秦赵**邯郸之战**爆发，
秦军包围了赵国的都城邯郸。赵国的平原君赵胜向魏国求援。
但魏安釐王害怕秦国，命令军队留在邺城扎营驻守，观望形势。

信陵君一次又一次请求魏王出兵，

可魏王不敢呀！于是信陵君召集门客，凑了一百多辆战车，

打算去和秦军死磕（kē），和赵国共生死。

临行前，信陵君向侯嬴告别。

你去吧，我就不去了！

信陵君

侯嬴

危请勿动模作仿

我对你这么好，你就送我这样一句话？

成语 一言半辞 就是从这里来的。

yī yán bàn cí

指很少的一两句话。"一言半语"和它意思一样。

信陵君走出几里后，总觉得侯嬴话里有话，
又返回来找侯嬴。侯嬴这才献出了**"窃符救赵"**的计策。

他让信陵君通过魏安釐王的宠妃窃得兵符，
让朱亥在关键时刻杀掉对军令有怀疑的将领，
震慑（zhèn shè）全军。信陵君按照侯嬴说的，偷来兵符，
领着魏国的军队前往赵国邯郸，成功击退秦军。

无忌，你真够意思！

平原君

魏安釐王

信陵君

好姐夫，我怕是要在你这儿长住了！

信陵君没办法向魏安釐王交代，就让其他将军带着魏军回国。

他自己留在赵国，一待就是十年。

后来，秦国恢复元气，又开始攻打魏国。

信陵君不能看着哥哥和祖国就这样被秦国灭掉呀！
他回国接受了将军的印章，并找来五国做帮手。
六国的大军在黄河南岸大败秦军，并追着秦军，
把他们逼进函谷关，不敢再出关。

信陵君因此名震天下，他终于可以回家了！

但是秦昭襄王担心信陵君会对秦国造成长久的威胁，

便使出一招离间计：

他找人到处散播谣言，说信陵君要回去当魏王。

是时候发挥"众口铄金、积毁销骨、三人成虎"的力量了！

秦昭襄王

信陵君

这真是"人在家中坐，祸从天上来"！

偏偏魏安釐王一直对这个天下无双的弟弟又依赖又忌惮（dàn）。

这种像雾像雨又像风的信任，靠不住呀！

魏安釐王趁机解除了信陵君的兵权。

信陵君知道自己因为谣言被免除官职，
干脆不再上朝，每天沉迷于酒色，于四年后去世。

魏国失去最后的顶梁柱，天终于塌了！

十八年后，秦国大军踏平了魏国。魏国成为继韩国、赵国后，

第三个被秦国灭掉的国家。

3

齐国：

死于安乐的老牌强国

就像晏子预测的那样（见《春秋》最后一章）：

忽然有一天，齐国不姓姜了！

齐国发生了另一件让历史的车轮
驶向战国时期的标志性事件——**田氏代齐。**

> 你干啥啥不行，给我下来！

田和

齐康公

> 谁说的，我"摸鱼"就很厉害！

公元前391年，国相田和势力庞大，自立为国君，放逐齐康公于海上，让他尽情"摸鱼"（指偷懒，不干正事）。公元前386年，周天子正式册封田和为齐侯，田和继续使用齐国的国号，姜姓齐国变成了田姓齐国，史称"田氏代齐"。

后来，**齐桓（huán）公上位了。**
什么？齐桓公？没错，我说的就是齐桓公，
但不是姜小白，而是田午。

这个田午为了显示齐国老牌强国的实力和胸怀，
设立了世界上最早的官办学府——
稷（jì）下学宫。 他邀请各国的学者们来到齐国，
学者们可以自由地在稷下搞学术，议论天下大事。

环境这么美，条件这么好！

恐怕还真只有齐国才能办到呢！

于是，各种"家"和诸多"子"以稷下学宫为中心，开始了

中国学术思想史上最具有影响力的活动——

bǎi jiā zhēng míng
百家争鸣！

"百家"指战国时期的各种学术流派。原指战国时期各家学说兴起，各种流派互相争论、互相批评的局面。现在指各种学术流派可以自由讨论，自由发表意见。常与"百花齐放"连用。用于褒（bāo）义。**你可以这样用：** 没有百家争鸣，不能百花齐放，就没有学术的发展与繁荣。

稷下学宫对后世文化的影响，齐桓公田午肯定想不到！

因为他还没等到稷下学宫创造成果就病死了。

唉，齐桓公田午本来可以活得更长一些的，

谁叫他不听扁鹊的话呢？

扁鹊是谁？——我国古代"四大名医"排第一的那位！ 在打打杀杀的战国，

扁鹊一直在各国游走，治病救人。

听到扁鹊来齐国了，齐桓公田午客客气气地招待他。

扁鹊见到他，说他**皮肤上有点小病，**
不及时治疗会向体内发展。齐桓公田午一听有点儿不高兴，
认为医生就喜欢给没病的人治病，显得自己很厉害。

过了十天，扁鹊告诉他，**他的病到了皮肉之间，**
要抓紧治。齐桓公田午还是不理扁鹊。

又过了十天，扁鹊说他的**病已经到了肠胃，**
再不治会更严重。齐桓公田午都要气炸了！

再过了十天，**扁鹊老远看见**
齐桓公田午，掉头就跑！

你跑什么跑呀？

病到骨髓（suǐ）了，治不好啦！

扁鹊

齐桓公田午

成语

bìng	rù	gǔ	suǐ
病	入	骨	髓

意思是病到了骨头里。形容病情严重，无法医治。也比喻事态严重，无法挽（wǎn）救。"病入膏肓（gāo huāng）"跟它意思相近。

五天后，**齐桓公田午浑身疼痛难忍，**
他找人请扁鹊来治病，扁鹊早就逃往秦国了！田午的行为，

用一个成语来说就是

huì	jí	jì	yī
讳	疾	忌	医
。

意思是隐瞒（mán）病情，不愿接受医治。"讳"是隐瞒；"忌"是惧怕。这个成语比喻掩饰自己的缺点、错误，不愿意接受批评和帮助。用于贬义。**你可以这样用：**身体不舒服就要去看医生，千万不要讳疾忌医。

《韩非子》中记录了这个故事，原文说的是"扁鹊见蔡桓公"。大多数人认为蔡桓公就是齐桓公田午。

唉，错过神医，就只能去见神仙了！

田午的儿子继位了，他和前面的魏惠王一样自封为"王"，史称"齐威王"。可这位齐威王却没想要做什么大事。他的爱好是喝酒、猜谜、听音乐。当上了"王"，他使劲玩，

一连九年不理国家大事，

比"三年不鸣，三年不飞"的楚庄王还有"派头"！

接着奏乐接着舞！

齐威王

这可把大家急坏了！

一年，楚国派大军来攻打齐国。稷下学宫的元老级人物——淳（chún）于髡（kūn）去赵国借来大军，吓跑了楚军。

齐威王高兴呀，马上开庆功酒宴！

淳于髡一进王宫，齐威王就问他酒量怎么样。
淳于髡可不是来喝酒的，他是来找齐威王谈天谈地谈人生的。

他说，**他的酒量大小是要看人的——**

跟齐威王喝酒，
他喝不了一斗（dǒu）就醉；
招待客人，
他喝两斗就醉；
和朋友边聊边喝，
五六斗就醉；
而男女老少边玩边聊，
他能喝上八斗；

人越多，主人越热情，大家都喝得高兴，整个宴会

bēi　pán　láng　jí
杯盘狼藉，

那他可以喝一石（dàn）！

这个成语形容宴会时或宴会后桌子上杂乱的情景。

淳于髡说这么一堆，其实是想告诉齐威王

追求享乐是没有穷尽的。

而且一味追求享乐，人还会走卜邪路。

欢乐到极点就会
发生令人悲伤的
事情，也就是

lè　jí　shēng　bēi
乐极生悲。

为什么呢？

因为人在特别快乐时会放松警惕（tì），于是就容易发生意外。比如，你有没有因为要出去玩，晚上特别兴奋睡不着觉，第二天睡过头，错过班机的经历呢？这就是乐极生悲呀！

有了淳于髡，齐威王显得稍微"靠谱"了一点。

一天，齐国有名的美男子邹（zōu）忌抱着一把琴来找齐威王。

美男子弹琴，这画面想想都好看！

齐威王赶紧召见他，要听他弹琴。可是邹忌老不弹，还左拉右扯（chě），

说了一大通弹琴的道理， 把齐威王的耐心都磨光了！

你倒是弹呀！

齐威王

邹忌

您占着王位都不管事，急什么呀！

哦，原来如此！

齐威王明白了邹忌的用心，跟他讨论起国事来。

三个月后，邹忌成了齐国的国相。

邹忌不仅长得好看，琴弹得好，懂得怎么治理
国家，更重要的是他还知道怎样委婉地向齐威王提意见。

你看，这次邹忌就哭丧着脸来跟齐威王诉苦，
说他被人蒙（mēng）骗了！他一直以为自己是齐国最美的美男子，

谁知城北的徐公比他要美一百倍！

哇，徐公真的有那么美吗？要是那时候有照片就好了！

现在，| chéng | běi | xú | gōng |
| 城 | 北 | 徐 | 公 |
这个成语成了美男子的代称。

齐威王很好奇谁敢蒙骗邹忌。

我的妻了因为爱我而骗我。

我的亲因为怕我而骗我。

妾

妻

客人

我的客人因为有事求我而骗我。

还没等齐威王表示同情，邹忌又说，在齐国，爱齐威王的、
怕齐威王的、有求于齐威王的人简直多得数不清，
齐威王肯定被蒙蔽（méng bì）得更严重！

这还得了！ 齐威王马上发布诏书：
当面指出我的不足的，给予上等奖赏；上书规劝的，
给予中等奖赏；在街头议论我的过失的，给予下等奖赏。

这诏书一出，效果太好了！
一时间，齐国各地甚至其他国家有才能和远见的人都来劝谏（jiàn），
齐国的朝堂变得像集市一样热闹。

友情提示：初中语文课文《邹忌讽齐王纳谏》
记录的就是这个故事。

mén	tíng	ruò	shì
门	庭	若	市

成语 门庭若市 就是从这里来的。

意思是门口和庭院里热闹得像市集一样。原形容进谏的人很
多，现在形容来的人极多。你可以这样用：自从她在全国的
钢琴比赛中得了第一名，大家都去向她请教，她家一下子变
得门庭若市。

之后，邹忌开始变法。齐国的国力逐渐提高。
"文"有邹忌和淳于髡，"武"呢？有孙膑呀！

这一年，魏国出兵攻打赵国，快打到赵国的都城邯郸了，赵国使臣赶来求救。

好的！明天我和田忌赛完马就派兵帮忙！

齐威王

赛马是次要的，齐威王主要是想看一看田忌的新军师孙膑到底有什么本事。

齐威王和田忌赛马，两人各出一匹上等马、中等马、下等马。但齐威王的马肯定比田忌的马好呀！怎么比？
田忌听从孙膑的意见，用自己的下等马对齐威王的上等马，用上等马对齐威王的中等马，用中等马对齐威王的下等马。

三局两胜，赢了齐威王！

这就是成语

tián	jì	sài	mǎ
田	忌	赛	马

的由来。

指善用自己的长处去对付对手的短处，从而在竞（jìng）技比赛中获胜。

输了比赛，得了孙膑这样一个人才，齐威王还是很高兴的。
他派田忌和孙膑率领大军前去解救赵国。
接下来的事情你们都知道了，孙膑用一招"围魏救赵"，
把魏国打败了两次。**齐国逐渐走上巅（diān）峰！**

看看这班底——邹忌为相，田忌为将，孙膑为军师，
淳于髡为大夫，还有既听劝又勤奋的齐威王，
简直是战国"梦之队"呀！

可齐威王没多久就去世了，他的儿子齐宣王继承了王位，
也继承了爸爸对音乐的热爱。齐宣王最喜欢大合奏。
比如吹竽（yú），一个人吹有什么气势？
必须上三百人！ 这阵仗，气势一下就出来了！
不过，他可不知道队伍里有一个根本不会吹竽的
"南郭先生"正鼓着腮（sāi）帮子"假吹"呢！

这位先生也把自己混成了一个成语。

nán	guō	xiān	shēng
南	郭	先	生

现仕

比喻没有才干而占据其位的人。

他的行为就是

làn	yú	chōng	shù
滥	竽	充	数

。

比喻没本领的人混在行家队伍里占着位置混日子。也比喻拿假的冒充真的，拿质量差一点的冒充好的。也可以表示自谦，说自己水平不够，只是凑数而已。**你可以这样用：**老师经常说，他不允许有"南郭先生"在齐读课文时滥竽充数。

这位南郭先生混了很多年，直到喜欢听独奏的齐湣（mǐn）王（齐宣王的儿子）继位，他才混不下去逃跑了。

除了爱听吹竽合奏，**齐宣王还爱搞斗鸡比赛。**

他专门聘请了养鸡能手纪渻（shěng）子来调教自己的斗鸡。

过了一阵子，齐宣王问斗鸡训练得怎么样了。

纪渻子说不行，这鸡太骄傲；

又过了十天，他说这鸡太爱斗还不够淡定；

再过十天，他说这鸡易怒，容易上火；

又过了十来天，纪渻子终于说训练得差不多了！

好可怕的压迫感！

齐宣王一看：这只像木头一样的鸡把精神凝聚在内，

别的鸡乱叫乱跳，它一点反应也没有。

这淡定的"王霸之气"，让别的鸡都不敢应战了。

dāi　ruò　mù　jī

成语 | 呆 | 若 | 木 | 鸡 | 由此而来。

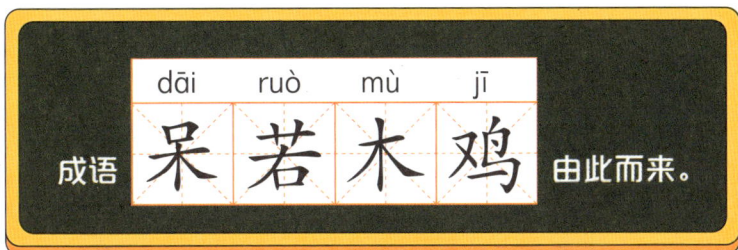

现在这个成语可不是形容从容内敛（liǎn）的王者气质的，而是取它的字面意思，指呆得像用木头雕成的鸡。形容因为恐惧、惊讶或困惑而发愣（lèng）的样子。

你可别以为齐宣王只会听听音乐、斗斗鸡，他其实是很有理想的。他一上任就着手招揽人才，

老臣淳于髡一天之内给他推荐了七位人才。

齐宣王很惊讶，问，我听说，每一千里要能出一个贤人，那贤人和贤人算是

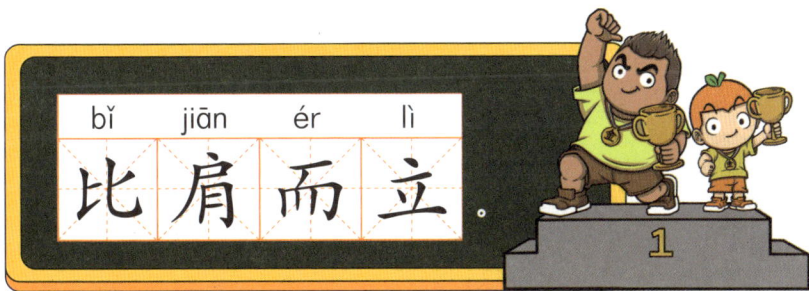

bǐ　jiān　ér　lì

比 肩 而 立。

意思是肩靠着肩地站立。比喻距离很近。**你可以这样用：** 我希望能通过自己的努力，和班上跑步最厉害的"小飞毛腿"比肩而立。

齐宣王还说，每百世要能出一个圣人，那圣人和圣人就算是

jiē zhǒng ér lái
接踵而来。

意思是前脚跟着后脚，一个接一个地来。比喻来的人相继不断或事情不断地发生。"踵"指脚后跟。**比如**，学校的辩论队在外参加比赛，获得好成绩的消息接踵而来，大家都特别开心。

真有那么多人才吗？

我们学宫人才产量高！

淳于髡

齐宣王

淳于髡用了两个成语跟齐宣王解释。

wù	yǐ	lèi	jù
物	以	类	聚

一个是

意思是同类的事物常聚在一起。现在多比喻坏人兴趣相近，勾结在一起。

rén	yǐ	qún	fēn
人	以	群	分

另一个是

意思是人按照其品行、爱好而形成团体，因而能够互相区分。指好人总跟好人结成朋友，坏人总跟坏人聚在一起。**比如**，他们几个对天文很感兴趣，一起成立了一个"天文小组"，经常交流心得，这真是"人以群分"。

对呀！淳于髡说自己就是老资格的稷下先生，是个大贤人呀！

他的朋友圈里当然会有很多贤人，七个人算什么！

齐宣王一下就明白了，他继续把稷下学宫做大做强，

让这里的大师级人物越来越多。

而且这些大师也不再满足于口头上发表看法，而是努力地写作，把自己或前辈的主张和学说写下来，传下去。比如《管子》《晏子春秋》《荀（xún）子》等书都是在稷下学宫完成的。

待遇这么好，天下人才都要被网罗干净了吧？

但有个叫颜斶（chù）的隐士就不愿意来。
齐宣王费了好大的力气，才把他召进宫见面。
可他一看到齐宣王就不走了，还让齐宣王过来。

未完待续……

福利时间

咦，怎么下雨了？

原来是云朵太伤心，哭了！

泪流满面　悲从中来　悲痛欲绝　司马青衫　万念俱灰

肝肠寸断　痛之入骨　人琴俱亡　黯然销魂（àn xiāo hún）　风树之悲

触目伤怀　撕肝裂肺　捶胸顿足（chuí）　痛不欲生　哀毁骨立

泣不成声　五内俱崩（bēng）　泪如泉涌　抱头痛哭　呼天抢地（qiāng）

涕泗滂沱（tì sì pāng tuó）　夺眶而出（kuàng）　郁郁寡欢（guǎ）

上面的成语不含"心"字，但都可以用来表示"伤心"的意思。
你以后可以用这些成语来代表"伤心"。
不过，我还是希望你一直快快乐乐的，没有机会用上它们！

图书在版编目（CIP）数据

呀，成语就是历史.第1辑.战国.①/国潮童书著

.－－北京：台海出版社,2023.11

ISBN 978-7-5168-3651-4

Ⅰ.①呀… Ⅱ.①国… Ⅲ.①汉语－成语－故事－少

儿读物 Ⅳ.① H136.31-49

中国国家版本馆 CIP 数据核字 (2023) 第 184229 号

呀，成语就是历史.第1辑.战国.①

著　　者：国潮童书　　　　　　　　　图画绘制：丁大亮

责任编辑：戴　晨

出版发行：台海出版社

地　　址：北京市东城区景山东街 20 号　　　　邮政编码：100009

电　　话：010-64041652（发行，邮购）

传　　真：010-84045799（总编室）

网　　址：www.taimeng.org.cn/thcbs/default.htm

E－mail：thcbs@126.com

经　　销：全国各地新华书店

印　　刷：天津海顺印业包装有限公司

本书如有破损、缺页、装订错误，请与本社联系调换

开　　本：710 毫米 × 1000 毫米　　　　1/16

字　　数：500 千字　　　　　　　　　　印　张：63

版　　次：2023 年 11 月第 1 版　　　　印　次：2025 年 4 月第 3 次印刷

书　　号：ISBN 978-7-5168-3651-4

定　　价：300.00 元（全 10 册）